HUGO BOISELLE

PFÄLZER IMPRESSIONEN

Mit Aquarellen durch die Pfalz

AGIRO

Für meine Frau Alwine

Pfälzer Impressionen

Erscheint bei:

AGIRO

AGIRO Verlag
Sauterstraße 36
67433 Neustadt / Weinstr.

www.Agiro.de

Übersetzung ins Englische: Richard Glynn Burton & Joachim Körber
Übersetzung ins Französische: Thomas Boiselle
Fotoarbeiten: Heike Falke & Clemens Ellert
Covergestaltung: Dirk Schulz
Gestaltung: Dirk Schulz & Clemens Ellert & Ines Boiselle-Svrcina

ISBN 978-3-934769-80-9

Vertrieb durch:
MSW Medien Service GmbH & Co. KG
Linde 72 – 74
42287 Wuppertal

Liebe Leserin, lieber Leser!

Wenn Sie dieses Buch aufschlagen, so begeben Sie sich auf eine Wanderung durch meine wunderschöne Pfälzer Heimat. Sie führt von Motiven der Industrielandschaft Ludwigshafens bis zu den dunklen Bergen des urwüchsigen Pfälzer Waldes, der einen großen Teil des Landes bedeckt. Dazwischen liegen, eingebettet in sanfte Rebenhügel wie Perlen an einer Kette, die lieblichen Dörfer der Deutschen Weinstraße.
Aber auch bedeutende historische Baudenkmäler wie die größte erhaltene romanische Kirche Europas, der Speyerer Dom, ziehen den Blick des Betrachters in seinen Bann.

Das fast mediterrane Klima, der Wein und der Abwechslungsreichtum der Landschaft haben seit jeher viele Menschen und besonders Maler fasziniert und zu künstlerischem Arbeiten angeregt.

Ich hoffe, dass sich etwas von der Freude und der Zufriedenheit, die mich beim Malen immer wieder ergriffen haben, auf den geneigten Leser, sei er nun Pfälzer oder Gast, überträgt.
In diesem Sinne wünsche ich Ihnen viel Freude beim Betrachten der folgenden Aquarelle.

Dear Reader!

When you open this book you are already on a hiking tour through my beautiful Palatinate home state. My drawings will take you from the industrial landscape of Ludwigshafen on the river Rhine to the quiet woods and dark mountains of the Palatinate forest covering most of the home state. Along the way we will pass through the romantic villages of the German Wine-Road embedded in sloping vineyards like pearls on a necklace.
Many a great historical monument, like the Romanesque Cathedral of Speyer, the largest in Europe, will cast its enchanting spell on the eye of the beholder.

An almost Mediterranean climate, the wine and the ever changing landscape have fascinated visitors and inspired painters to some of their most creative works of art.

I hope I can give the kind reader, be he guest or Palatinate native, an impression of the satisfaction and joy that came over me while sitting down and capturing my home state in watercolours.

In this spirit I do hope you can thoroughly enjoy the following watercolours.

Ami Lecteur!

En ouvrant ce livre vous allez partir en voyage à travers mon merveilleux pays, le Palatinat. Vous découvrirez des motifs du paysage industriel de Ludwigshafen, les forêts silencieuses de la Vallée du Rhin, les montagnes sombres du Pfälzer Wald et sa forêt naturelle et primitive qui couvre une grande partie de la région. Comme les perles d´un collier, vous verrez les souriants villages de la route du vin qui s´étirent entre deux forêts, bordés par les douces collines des vignobles. Mais ce sont aussi les monuments historiques dont le plus important est la cathédrale romane de Spire, la plus grande d´Europe, qui attireront votre regard.

Le climat quasi méditerranéen, le vin et la variété du paysage, ont depuis toujours fasciné beaucoup d´artistes, en particulier des peintres.

J´espère qu´une partie de la joie et de la satisfaction qui m´ont toujours saisi en dessinant sera communiquée au lecteur bien veillant, qu´il soit étranger ou originaire du Palatinat.

Ludwigshafen, Hafen
Harbour
Port

Altrhein
Ancient Rhine
L´ancien Rhin

Ludwigshafen, Rathaus / Town Hall / Mairie

Oggersheim

Maudacher Bruch / Swamp / Marais

Otterstadt

Vorderpfälzer Winzerhaus / Wine-Grower´s House / Maison de viticulteur

Eppstein

Frankenthal, Speyerer Tor
Gate
Portail

Frankenthal, Dreifaltigkeitskirche / Church / Eglise

Erpolzheim

Erpolzheim, alte Mühle / Old Mill / Vieux moulin

Erpolzheim

Freinsheim

Herzogturm / Tower / Tour

Haintorturm / Towergate / Tour avec portail

Freinsheim, An der Bach

Kallstadt

Blick auf Kallstadt
View over Kallstadt
Vue sur Kallstadt

Kallstadt, Bauernhaus / Farmhouse / Ferme

Blühende Mandelbäume / Blooming Almond Trees / Amandiers en fleur

Laumersheim bei Grünstadt

Leistadt

Großkarlbach

Weisenheim am Berg

Blick auf die Rheinebene
View of the Rhine Plain
Vue sur la plaine du Rhin

Weisenheim am Berg

Bobenheim am Berg

Bobenheim am Berg

Neuleiningen

Battenberg, Blick auf die Rheinebene / View of the Rhine Plain / Vue sur la plaine du Rhin

Höninger Tal / Valley / Vallée

Tiefenthal

Eisenberg

Pfälzer Wald, Blick in die Rheinebene
Palatinate Forest, View of the Rhine Plain
Forêt du Palatinat, vue sur la plaine du Rhin

Pfälzer Wald
Palatinate Forest
Forêt du Palatinat

Bad Dürkheim, Klosterruine Limburg / Ruin of Monastery / Ruine de cloître

Wachenheim

Herbstlicher Weiher / Pond in Harvest / Etang en automne

Deidesheim, Kloster / Monastery / Cloître

Deidesheim, Rathaus / Town Hall / Mairie

Neustadt, Haardter Schloss / Castle / Château

St. Martin

Neustadt, Haardt

Neustadt, Metzgergasse

Neustadt, Stiftskirche / Collegiate Church / Eglise collégiale

Rheinaue bei Römerberg / Pasture of the Rhine / Prairie au bord du Rhin

Altrhein bei Lingenfeld / Old branch of the Rhine / Vieux bras du Rhin

Speyer, Dom / Cathedral of Speyer / Cathédrale de Spire

Rhein bei Speyer / Rhine near Speyer / Rhin près de Spire

Madenburg bei Eschweiler

Südpfalz, Blick auf die Rheinebene
View of the Rhine Plain
Palatinat du sud, vue sur la plaine du Rhin

Landau, Marienkirche / Church / Eglise

Annweiler, Trifels

Klingenmünster

Klingenmünster, Nikolauskapelle / Chapel / Chapelle

Pfälzer Wald / Palatinate Forest / Forêt du Palatinat

Pleisweiler, Wappenschmiede / Arms Forge / Forge d'armes

Gleiszellen

Gleiszellen, Winzergasse

Dörrenbach

Dörrenbach, Wehrkirche
Fortified Church
Eglise fortifiée

Schweigen, Weintor / Wine Gate / Porte du vin

Erlenbach, Burg Berwartstein
Castle of Berwartstein
Château Berwartstein

Pfälzer Wald
Palatinate Forest
Forêt du Palatinat

Dahner Felsenland, Teufelstisch / Devil´s Table / Montagnes rocheuses de Dahn, Table du diable

Pfälzer Wald
Palatinate Forest
Forêt du Palatinat

Pirmasens, Lutherkirche
Church
Eglise

Pirmasens

Zweibrücken, Pavillon Rosengarten / Pavillon Rosary / Pavillon de la roseraie

Zweibrücken, Schlosspark, Fasanerie / Palace Gardens, Pheasantry / Parc du château, faisanderie

Zweibrücken, Alexanderskirche / Church / Eglise

Karlstal bei Trippstadt, Brücke / Bridge / Pont

Klug´sche Mühle im Karlstal / Mill / Moulin

Kaiserslautern, Japanischer Garten / Japanese Garden / Jardin japonais

Kaiserslautern, Brunnen am Martinsplatz / Spring / Fontaine

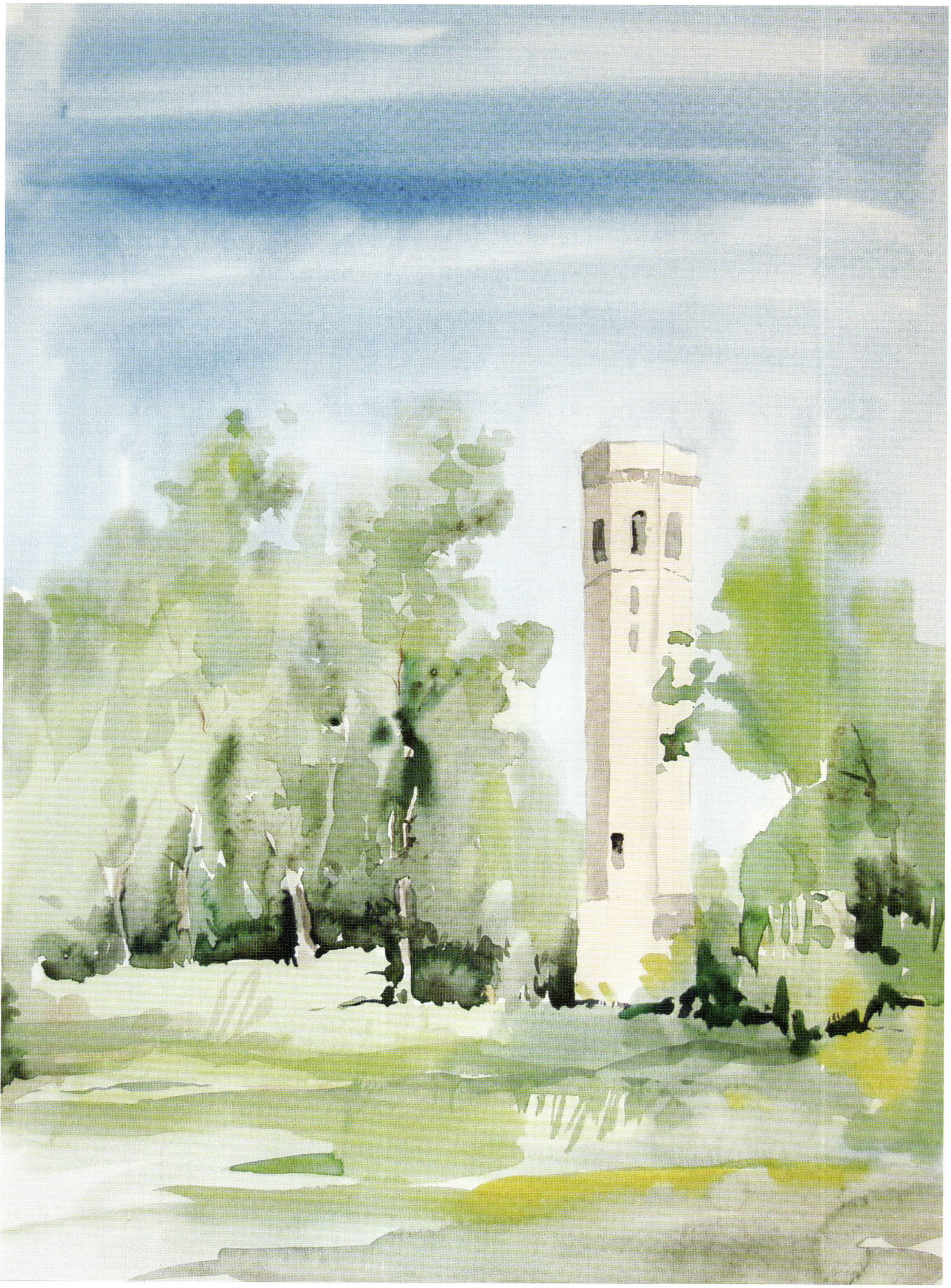

Donnersberg, Ludwigsturm / Tower / Tour

Schneelandschaft / Landscape in Winter / Paysage en hiver

HUGO BOISELLE

1925 in Ludwigshafen / Rhein geboren

Ausbildung zum Architekten an der Fachhochschule Mainz mit Abschluss Dipl.-Ing. (FH)

Mitarbeit in verschiedenen Architekturbüros

Kunstinteressierter Autodidakt seit frühester Jugend

Freischaffender Maler seit 1985

Teilnahme an Seminaren im In- und Ausland

Von 1990 – 2000 Dozent für Aquarelltechnik an der Volkshochschule in Frankenthal

Born in Ludwigshafen / Rhine in 1925

Studied architecture at a technical college of higher education; received his degree in engineering

Worked in various architect's offices

Autodidact, interested in art at an early age

Freelance painter since 1985

Participation in seminars in Germany and abroad

From 1990 - 2000, instructor in watercolour painting at the Adult Education Center in Frankenthal

Né en 1925 à Ludwigshafen / Rhin

Etudes d'architecture à l'UIT: ingénieur diplômé

Activités professionnelles dans différents bureaux d'architecture

Depuis sa jeunesse autodidacte intéressé par l'art

Peintre professionnel « indépendant » depuis 1985

Participation à des ateliers en Allemagne et à l'étranger

De 1990 à 2000 professeur de technique d'aquarelle à l'université populaire de Frankenthal